Floral table decoration
Als bloemen tafelen

Floral table decoration
Als bloemen tafelen

Carl Vandermoere

Photography / Fotografie: Bart Van Leuven

stichting
kunstboek

Dining is a cultural expression that you share with your

Tafelen is een vorm van cultuur die je deelt met geliefden, vrienden of

loved ones, friends or family. It means cooking and serving

familie. Er worden gerechten klaargemaakt en geserveerd die passen bij

meals that go well with the atmosphere and the moment.

de sfeer en het moment. Er wordt gegeten en gepraat, ideeën en emoties

There is eating and talking, there is the interchange of

worden uitgewisseld. Tafelen is veel meer dan een praktische handeling, het

ideas and emotions. Much more than a practical thing,

is een ritueel waarin je de verbondenheid met je gasten op een feestelijke

dining is a ritual that enables you to materialise the bond

manier gestalte geeft.

with your guests in a festive manner.

Het tafelritueel krijgt gestalte door spijzen en dranken, door kandelaars,

The ritual of dining is embodied by food and drink, by

door bestek en servies, maar ook door de florale decoratie van de tafel en

candlesticks, cutlery and china. It also takes shape by the

de eetkamer. Ze beklemtoont het bijzondere van het gebeuren. Florale

floral decoration on the table and in the dining room, that

versiering creëert een aparte sfeer, brengt een persoonlijke toets aan,

gives the whole event a special accent. Floral decoration

zorgt voor een meerwaarde. Een huwelijksfeest, een doopviering, een

creates a specific ambience, it gives a personal touch, it

vriendenparty op het terras, een intiem etentje met z'n tweetjes verdienen

adds an extra value. A wedding day, a christening, a party

elk een eigen decoratie. Bloemen, materialen, vormen en kleuren helpen

amongst friends on the terrace, an intimate dinner for

mee om het *sacrale* van het samenzijn te ondersteunen.

two ... Every occasion deserves its own decoration.

Flowers, materials, shapes and colours help to support the

Florale tafeldecoratie heeft een dienende rol. Ze wil geen storende factor

sacred aspect of being together.

zijn. Ze mag de communicatie niet bemoeilijken. Sterk geurende bloemen

Floral table decoration has a serving role. It does not want

of florale materialen die een storend effect kunnen veroorzaken, kun je

to be a disturbing factor. It should not make communicating

beter vermijden. Tafeldecoratie kan een prominente plaats krijgen, maar

difficult. Strong flower scents or hindering floral materials

moet toch altijd subtiel blijven. Ze mag het contact tussen de tafelgasten

are better avoided. Table decoration can get a prominent

niet verhinderen.

place as long as it stays subtle and does not obstruct contact

between table-companions.

Hoe ziet de optimale tafeldecoratie eruit? Dat hangt af van de omgeving, de

situatie en de sfeer die wordt beoogd. Vormelijk is enorm veel mogelijk.

How does perfect table design look like? It depends on the

De florale composities kunnen hoog of laag, rond of ovaal, rechthoekig of

surroundings, the situation and the atmosphere desired.

vierkant, smal of breed zijn. De vormen kunnen aangepast zijn aan het decor

As far as shape is concerned, possibilities are endless.

of servies en bestek, of kunnen er net mee contrasteren. Een tafel met

Floral compositions can be tall or low, round or oval,

hoekige borden kan extra geaccentueerd worden met hoekige composities,

rectangular or square, narrow or broad. Shapes can

of net gemilderd met ronde vormen. Creativiteit speelt een belangrijke rol.

be adjusted to the interior, to cutlery and china but they

Bij huwelijksfeesten kan het leuk zijn om de vormgeving van het bruidsboeket

can create contrast too. A table with angular plates can

door te trekken naar de vormgeving van de tafeldecoratie. Op die manier

be accentuated by the use of angular compositions, or

creëer je een samenhangende sfeer.

softened by round shapes. Creativity is of paramount

importance. At a marriage ceremony it can be nice to

En hoe zit het met de stijl? Het kan zinvol zijn om de stijl van de florale

let the design of the table decoration mirror the design

tafeldecoratie aan te passen aan die van het huis. In een klassiek interieur

of the bridal bouquet. This would give the wedding a
coherent character.

And what about style? It can be worthwhile to adapt the
style of the table arrangements to the style of the house.
Classical table decoration in a classical interior – Biedermeier, roses etc. – and a minimalist style in a modern interior. Here too, contrast can have a surprising effect.
An exuberant piece in an austere interior or a streamlined
composition in a baroque décor can work miracles.
Table decoration also leaves plenty of room for creativity
outdoors and playful elements can add a funny touch to a

past uiteraard een klassieke tafeldecoratie: biedermeier, rozen ... In een

modern interieur is de minimalistische stijl beslist op zijn plaats. Maar ook

hier kan contrastwerking voor een verrassend effect zorgen. Een weelderig

stuk in een strak interieur of een uitgepuurde compositie in een barok

decor kunnen wonderen doen.

Buiten kan men alle kanten op en kunnen speelse elementen een leuke

toets aan de tuin of het terras geven. Voor je aan de decoratie begint, is het

belangrijk om de ruimte goed in je op te nemen, details te bekijken om

daarna een harmonie of een contrast te realiseren. Het komt beslist de

totale sfeerbeleving ten goede.

Stichting Kunstboek nodigde Carl Vandermoere uit om dit boek te maken.

garden or a terrace. Before creating a harmonious or a contrastive design, it is important to take in the whole space and to look at every detail. This will benefit the overall experience of the atmosphere even more.

Stichting Kunstboek Publishers were happy to invite Carl Vandermoere to make this book. Vandermoere received his training in floral arrangement in Melle and kept on specialising in floral design in Belgium and abroad. He works in both classical and modern interiors and won a reputation among Belgian starred chefs thanks to his specialised table decoration in top restaurants. He is the in-house florist at *De Karmeliet*, the three star restaurant of Geert Van Hecke in Bruges.

What inspires Carl Vandermoere? He loves travelling and is an eagle-eyed observer of nature during all those journeys. It enchants him: a vast landscape, wild animals in their

Vandermoere volgde een opleiding bloemschikken in Melle en bleef zich in binnen- en buitenland verder bekwamen in de bloemsierkunst. Hij werkt zowel in klassieke als in moderne interieurs en verwierf faam bij de Belgische sterrenchefs wegens zijn gespecialiseerde tafeldecoratie in toprestaurants. In De Karmeliet, het driesterrenrestaurant van Geert Van Hecke in Brugge is hij de vaste florist.

Waar haalt Carl Vandermoere zijn inspiratie? Vandermoere houdt van reizen. Hij is daarbij steeds een fijnzinnig observator van de natuur. Ze betovert hem: een groots landschap, wilde dieren in hun natuurlijke omgeving, windkracht 8 op de dijk van Zeebrugge, insecten, de fraaie krul van een plant, de tederheid en sensualiteit van een bloem, kleuren en geuren ... Natuurlijke elementen komen op een originele en creatieve manier terug in zijn werkstukken. Door zijn artistieke talent stijgen zijn creaties steeds uit boven het vergankelijke van tijdsgebonden trends.

Toekomstperspectieven. Carl Vandermoere leidt een bloemenzaak aan de Langerei in Brugge, maar droomt hardop van een ruimer pand. Hij wil z'n

habitat, force 8 on the sea embankment in Zeebrugge, insects, a plant that bends gracefully, the tenderness and sensuality of a flower, colours and scents ... His floral pieces are permeated by natural elements in a very original and creative way. Because of Vandermoere's artistic talent his creations far surpass transient trends.

composities ademruimte geven en beter tot hun recht laten komen in een sfeervolle omgeving. Hij wil zijn aanbod van vazen en potten uitbreiden en de klant meer keuzemogelijkheden bieden. Meer praktische cursussen bloemschikken in een eigen ruim atelier staan bovenaan in zijn agenda. We zijn benieuwd welke verrassende paden deze creatieve en bijzonder gedreven florist straks zal bewandelen. Maar laten we intussen al volop genieten en inspiratie putten uit de schitterende composities die hij tot op vandaag heeft gerealiseerd.

In the future. Carl Vandermoere runs a floristry along one of the canals in Bruges, but is dreaming of larger premises. He wants to give his compositions space and full play in an atmospheric environment. He wants to extend his range of vases and pots and to offer customers more options. More practical courses in the art of floral arrangement in his own workshop is on top of the list. We are curious about the surprising ways this inventive and special florist will go soon. In the mean time let's enjoy ourselves to the full and draw inspiration from the splendid compositions Vandermoere has realised until now.

A glass plate with transparent Christmas
balls and white *Rosa* 'Avalanche' flower
heads ... A festive aperitif.

Een glazen schaal met transparante kerstballen en
witte *Rosa* 'Avalanche' bloemhoofdjes: een feestaperitief.

A spiral of flowers with *Asparagus, Calla*
'Crystal Blush', *Ornithogalum arabicum,*
Dischidia and *Helleborus niger.*

Een bloemenspiraal met *Asparagus, Calla* 'Crystal Blush',
Ornithogalum arabicum, Dischidia en *Helleborus niger.*

De fijne houten tafel wordt geaccentueerd door de brute Ulmusstronk met *Chrysanthemum* 'Shamrock' en Tiborna.

The finesse of the wooden table is brought to the fore by the rough Ulmus stump with *Chrysanthemum* 'Shamrock' and Tiborna.

A spring time aperitif with a basket full
of cherry bark with *Fritillaria michailovskyi*

Een lente-aperitief met een mand uit kerselaarschors

and Ulmus flowers. A bed of wood shavings

vol van *Fritillaria michailovskyi* en Ulmusbloemen.

strengthens the natural effect.

Een bedje van houtschilfers verhoogt het natuurlijk effect.

Palm leaves and Steel grass

in combination with dark *Calla*

Palmbladeren en Steel grass in combinatie met donkere

'Black Magic' create an exotic effect.

Calla 'Black Magic' creëren een exotisch effect.

Three austere compositions of Polygonium sprigs
De drie strakke composities van Polygoniumtakjes
and *Calla* 'Picasso' finished off with a vine of *Basela*
en *Calla* 'Picasso' afgewerkt met een rankje van *Basela*
go well with the classical though simple interior.
passen goed in het klassieke maar sobere interieur.

A garland of Placuna shells, *Tillandsia* and beautiful
Een guirlande van Placunaschelpen, *Tillandsia* en prachtige
Vanda 'Black Magic'... Their colours and materials
Vanda 'Black Magic' harmonieert in kleur en materiaal
blend in with the classical interior.
met het klassieke interieur.

A stylish combination of dark Ligustrum
berries, black beans (*Phaseolus vulgaris*)
and white *Dendrobiums* in a silver plate.

Een stijlvolle combinatie van donkere Ligustrumbessen,
zwarte bonen (*Phaseolus vulgaris*) en
witte *Dendrobiums* in een zilveren schotel.

Hoogpotige vaasjes gevuld met een sober boeket
van *Fritillaria meleagris, Fritillaria acmopetala*
en *Tulipa* 'Black Parrot'.

Deep narrow vases filled with a simple
bouquet of *Fritillaria meleagris, Fritillaria
acmopetala* and *Tulipa* 'Black Parrot'.

De wand is aangekleed met een vegetatief schilderij:
een kader van kokos en binnenin een collage van muskaatnoot,
mos en berkenschors.

The wall is furnished with a vegetal painting
framed with coconut and showing a collage
of nutmeg, moss and birch bark.

A Christmas chandelier of snow-covered branches of *Syringa vulgaris*, Christmas lights and transparent Christmas balls. The champagne glasses are all filled with Christmas roses (*Helleborus niger*).

Een kerstluchter van besneeuwde *Syringa vulgaris* takken, kerstlichtjes en transparante kerstballen. De champagneglazen zijn al gevuld met kerstrozen (*Helleborus niger*) ...

A silver container richly filled with
birch bark, ivy berries, *Helleborus niger*,
Asparagus aparagoides 'Myrtifolius'
and snow-covered *Tillandsia usneoides*.

Een zilveren recipiënt overvloedig gevuld met berkenschors,
klimopbessen, *Helleborus niger*, *Asparagus aparagoides*
'Myrtifolius' en besneeuwde *Tillandsia usneoides*.

Een verrassende combinatie van gebleekte koolwortels

A surprising combination of bleached cabbage roots with

met edele Phalaenopsisbloemen rond een glazen schaal

the noble *Phalaenopsis* flowers surrounding a glass plate

met theelichtjes.

with little candles.

A series of vases filled with
Een assortiment van vaasjes gevuld met een waaier van
a variety of white flowers
witte bloemen en grassen: *Artemisia, Pernettya mucronata,*
and grasses: *Artemisia,*
Biza maxima, Ornithogalum arabicum, Cyperus, Clematis
Pernettya mucronata,
en *Rosa* 'Avalanche'.
Biza maxima, Ornithogalum

arabicum, Cyperus, Clematis

and *Rosa* 'Avalanche'.

A Christmas table for true gourmets:
Belgian endive and *Amaryllis* 'Christmas Gift' finished off with *Jasminum officinale*.

Een echte culinaire kersttafel: witloof en *Amaryllis* 'Christmas Gift' afgewerkt

met *Jasminum officinale*.

Miniature *Rosa* Avalanche trees are the
ideal wedding table decoration: they tower
above the guests' heads. The hall is beauti-
fully seamed with hop (*Humulus lupulus*).

Rosa Avalancheboompjes zijn een ideale bruidstafeldecoratie:
ze tronen boven de hoofden van de gasten.
De zaal is prachtig omzoomd met hoppe (*Humulus lupulus*).

A structure of old *Syringa vulgaris* branches
intertwined with white *Tulipa* 'Inzell'. A table decoration
that stays low and that is beset with spring-fever.

Een structuur van oude takken van de *Syringa vulgaris*
en daartussen verstrengeld witte *Tulipa* 'Inzell'.
Een laagblijvende tafeldecoratie met lente-allures.

Attached green leaves give the container
a natural look. The pale flowers of
the *Ranunculus* and the *Choisya ternata*
fill the basket. White rattan canes
accentuate the shape.

Opgekleefde groene bladeren verlenen het recipiënt een natuurlijk uitzicht.

De witte bloemen van *Ranunculus* en *Choisya ternata* vullen het mandje op.

Witte rotantwijgen benadrukken de vorm.

A tiny silver vase with litte Vendela roses,
Placuna shells and *Tillandsia usneoides* is
embellished with mother-of-pearl.

Een zilveren vaasje met Vendelaroosjes, Placunaschelpen
en *Tillandsia usneoides* wordt opgesmukt met parelmoer.

A construction of aluminium wire
and glass tubes enveloped in raffia
and filled with Vendela roses,
making a dinner for two ever so cosy.

Een constructie van aluminiumdraad en glazen buisjes
met raffia omwonden en gevuld met Vendelarozen zorgen
voor extra gezelligheid bij een intiem etentje.

The warm colours of the red
'Grand Prix' roses wrapped in
the brown *Magnolia grandiflora*
leaves are in perfect harmony
with the wood of the piano.
On the background: defoliated
Phoenix roebelini stalks.

De warme kleuren van de rode 'Grand Prix' rozen
gehuld in de bruine bladeren van de *Magnolia*
grandiflora zijn in harmonie met het hout
van de piano. Op de achtergrond ontbladerde
Phoenix roebelinistengels.

Een decoratief tafelstuk met Eucalyptushout

en Hederablaadjes. De bloemhoofdjes van

A decorative table piece with Eucalyptus wood and

Rosa 'Paul Cézanne' en *Paeonia* piepen uit

Hedera leaves. The flower heads of the *Rosa* 'Paul Cézanne'

de houten constructie.

and *Paeonia* peep through the wooden construction.

A side table abundantly decorated

with grapes and a selection of roses

Een bijzettafel rijkelijk versierd met druiven en een

(*Rosa* 'Mini Eden', *Rosa* 'Grand Prix',

assortiment van rozen (*Rosa* 'Mini Eden', *Rosa* 'Grand

Rosa 'Rosita Vendela' and *Rosa* 'Toscanini').

Prix', *Rosa* 'Rosita Vendela' en *Rosa* 'Toscanini').

Romantische, klassieke biedermeiercomposities met verschillende roosjes

Romantic classic Biedermeier arrangements
with various small roses (*Rosa* 'Mini Eden',

(*Rosa* 'Mini Eden', *Rosa* 'Toscanini', *Rosa* 'Avant Garden', *Rosa* 'Rosita Vendela',
Rosa 'Renate') en verschillende soorten groen (*Hedera*, *Pittosporum* en
Viburnum). Het lijken net dessertschaaltjes.

Rosa 'Toscanini', *Rosa* 'Avant Garden', *Rosa*
'Rosita Vendela', *Rosa* 'Renate') and different kinds
of greenery (*Hedera*, *Pittosporum* and *Viburnum*).
They look like little pudding plates.

Helleborus orientalis

makes wintry Rosmarinus

twigs bloom again.

Sand enhances the

natural effect of

the table decoration.

Helleborus orientalis bezorgt

de winterse Rosmarinustakjes

een nieuwe bloei. Zand verhoogt

het natuurlijke effect

van de tafeldecoratie.

Wonderful awakening in a room of roses

Heerlijk ontwaken in een rozenkamer (*Rosa* 'Avalanche' en *Rosa* 'Silk').

(*Rosa* 'Avalanche' en *Rosa* 'Silk').

A lantern wound up

with *Asparagus asparagoides*

'Myrtifolius' and Christmas

roses (*Helleborus niger*)

swathes the set table

in a Christmas mood.

Een windlicht omwonden met *Asparagus aparagoides*

'Myrtifolius' en kerstrozen (*Helleborus niger*) tooit

de gedekte tafel in kerstsfeer.

Cristal vases filled with a variety of white flowers
(*Clematis*, *Rosa* 'Avalanche', *Choisya ternata*,
Ranunculus en *Galanthus*): simple, pure and
transparent table decoration.

Kristallen vaasjes gevuld met een variatie
aan witte bloemen (*Clematis*, *Rosa* 'Avalanche',
Choisya ternata, *Ranunculus* en *Galanthus*):
een eenvoudige, zuivere en transparante tafeldecoratie.

Rings of Steel grass and rattan,
with Ixia flowers inside.

Ringen van Steel grass en rotan en binnenin Ixiabloemen.

Dendrobium lights and *Asparagus aparagoides*

Dendrobiumlichtjes en *Asparagus aparagoides*

'Myrtifolius' embellish the party table.

'Myrtifolius' sieren de feesttafel.

Blonde meisjes, witte tafelkleedjes en dito vingervaasjes
Blond girls, white table-cloths and finger vases
van Norman Trapman met *Tulipa* 'Inzell'.
by Norman Trapman with *Tulipa* 'Inzell'.

In een modern interieur past een eenvoudige tafeldecoratie

Modern interiors ask for modest table decoration

van *Eucharis* en Steel grass in stenen vazen.

of *Eucharis* and Steel grass in stone vases.

A table landscape
Een tafellandschap van Eucomisbloemen.
of Eucomis flowers.

Een tafelloper van jeneverbessen bekleedt de arduinen tafel.

De met Syngoniumblad bedekte looddecoratie en de *Ranunculus*

A runner of juniper berries dresses

zijn in kleurharmonie met de borden en de theelichtjes.

the blue stone table. The leaden decoration

covered with Syngonium leaves and

the *Ranunculus* harmonise colourfully

with the plates and the wax lights.

De hoorn des overvloeds. Buffelhoorns gevuld
met *Carex*, *Dahlia* 'Queen of Night', *Eucomis* en
Calla 'Schwarzwalder'. Een florale sculptuur.

The horn of plenty. Buffalo horns filled with
Carex, *Dahlia* 'Queen of Night', *Eucomis*
and *Calla* 'Schwarzwalder'. A floral sculpture.

An autumnal bench:

large mushrooms hats stuffed

Een bank in herfsttooi: grote champignonhoeden

with *Rosa* 'White Lydia'.

(Mushroomslices) opgevuld met *Rosa* 'White Lydia'.

Dioscorea elephantipes: how to decorate
a coffee table in a simple, beautiful way.

Dioscorea elephantipes: een eenvoudige
en decoratieve versiering van de salontafel.

Boomstammen versierd met *Carex* en blauwlila *Nymphaea* zorgen voor
Tree-trunks decorated with *Carex* and bluish lilac
een natuurlijke indeling van de ruimte.
Nymphaea make a natural room divider.

A bed of moss and tropical nuts
stuffed with *Calla* 'Schwarzwalder'.

Een bed van mos en tropische noten
gevuld met *Calla* 'Schwarzwalder'.

Handen vol *Calla* 'Schwarzwalder'
Handfuls of *Calla* 'Schwarzwalder'.